essentials

Pablo Peyrolón

Grundzüge der Neuroökonomie

So entstehen Entscheidungen

Pablo Peyrolón
Fachhochschule Wien für Management
und Kommunikation (WKO)
Wien, Österreich

ISSN 2197-6708 ISSN 2197-6716 (electronic)
essentials
ISBN 978-3-658-28389-6 ISBN 978-3-658-28390-2 (eBook)
https://doi.org/10.1007/978-3-658-28390-2

Die Deutsche Nationalbibliothek verzeichnet diese Publikation in der Deutschen Nationalbibliografie; detaillierte bibliografische Daten sind im Internet über http://dnb.d-nb.de abrufbar.

Was Sie in diesem *essential* finden können

- Wie unser Gehirn Entscheidungen trifft
- Angst, Emotionen und Investitionen
- Wie Unternehmen uns zum Kaufen verführen
- Die Grundbedürfnisse, die unser Gehirn steuern

Inhaltsverzeichnis

Was ist Neuroökonomie? 1

Was passiert mit meinem Gehirn, wenn ich einen Lottoschein kaufe? Wie entscheide ich mich für bestimmte Zahlen? Wieso kaufe ich das neueste Smartphone zu einem Preis von 950 EUR, wenn das alte noch all meinen Anforderungen entspricht? Wieso verkaufe ich meine Aktien nicht, obwohl es an der Börse seit drei Wochen abwärts geht? Warum kaufe ich etwas, wenn ich genau weiß, dass ich es eigentlich nicht brauche? Wieso bereitet es mir mehr Freude, eine Omega-Uhr geschenkt zu bekommen als eine Swatch-Uhr, obwohl beide genau die gleiche Zeit anzeigen? Sind diese Entscheidungen rational durchdacht oder gibt es einen unterbewussten Mechanismus, der uns steuert? All das versucht die Neuroökonomie herauszufinden.

Die Neuroökonomie ist eine Wissenschaft, die Gehirn, Strategie und Entscheidungsverfahren zusammenbringt. Anders ausgedrückt: Die Neuroökonomie ist die Brücke zwischen Neurowissenschaften, Spieltheorie und Wirtschaftswissenschaften. Wieso entscheiden wir uns so, wie wir uns entscheiden? Eine schwere Frage, die fast schon philosophisch ist. Was wir aber mit Sicherheit sagen können, ist, dass wir nur selten rationale Entscheidungen treffen und dass wir durch unser eigenes Gehirn und durch Faktoren, die einen (oft unterbewussten) Einfluss auf unser Gehirn haben, leicht zu manipulieren sind. Wieso habe ich heute den teuren Rotwein statt des günstigeren gekauft, obwohl mir bewusst ist, dass ich überhaupt keine Ahnung von Rotweinen habe? Zahlen spielen eine Rolle. Unser Gehirn reagiert auf Preise. Wieso gibt es so viele hässliche Preise wie 1999 oder 3,99? Sind diese 0,01 Cent bei der Wahl eines Produktes wirklich ausschlaggebend? Gleichzeitig gibt es auch das gegenteilige Phänomen: Je teurer, desto besser; wobei „besser" sich in diesem Kontext ziemlich komplex gestalten kann.

© Springer Fachmedien Wiesbaden GmbH, ein Teil von Springer Nature 2020
P. Peyrolón, *Grundzüge der Neuroökonomie,* essentials,
https://doi.org/10.1007/978-3-658-28390-2_1

Die Neuroökonomie konzentriert sich jedoch nicht nur auf „wirtschaftliche" Fragen, sondern auch auf generelle Aspekte der Entscheidungsfindung, von der Auswahl des Partners oder der Partnerin bis zur Einnahme von homöopathischen Produkten. Die Neuroökonomie ist also immer dort anwendbar, wo eine Entscheidung getroffen wird.

Die Neuroökonomie ist eine relativ junge Wissenschaft. Sie entstand aus dem Zusammenspiel der Neurowissenschaften (Hirnforschung) und der Ökonomie (Wirtschaftswissenschaften). Mithilfe neurowissenschaftlicher Techniken und Instrumente, die ursprünglich für medizinische Zwecke entwickelt worden sind, versucht die Neuroökonomie, das Verhalten bei der Entscheidungsfindung zu erklären. Deshalb wird die Neuroökonomie im Englischen auch *Decision Neuroscience* genannt.

In den letzten zwei Jahrzehnten war der Fortschritt der Hirnforschung immens. Mit bahnbrechenden bildgebenden Verfahren wie der funktionellen Magnetresonanztomografie (fMRT) oder der Positronen-Emissions-Tomografie (PET) kann man Hirnstrukturen abbilden, die an Phänomenen wie Emotionen, Gedächtnisleistungen oder Aufmerksamkeitszuwendung beteiligt sind. Mittels Elektroenzephalografie (EEG) und Magnetoenzephalografie (MEG) ist es zudem möglich, dem Gehirn in Echtzeit beim Denken „zuzuschauen". Dadurch kann man viele verschiedene Experimente durchführen, die mit Entscheidungen und finanziellen Beträgen oder materiellen Vergütungen zu tun haben und von denen die Wirtschaftswissenschaften profitieren können. Aus Sicht der Marktforschung sind Hirnscans beispielsweise sehr interessant, um damit die Emotionen potenzieller Konsumenten zu erforschen (in diesem Fall spricht man von Neuromarketing; in Kap. 3 werden die wirtschaftlichen Anwendungen der Neuroökonomie näher betrachtet). Anwendungen für die Erkenntnisse der Neuroökonomie findet man überall dort, wo die Gefühle der Menschen erreicht werden sollen. Facebook beispielsweise verwendet neurowissenschaftliche Erkenntnisse, um seine Kunden noch fester an sich zu binden. Das menschliche Verlangen nach Klatsch und Tratsch und die Angst, etwas zu verpassen, erschweren das Löschen des eigenen Facebook-Accounts, auch wenn man so gut wie nie etwas postet.

Wie wir sehen werden, investiert Facebook sehr viel in neurowissenschaftliche Forschung. Eines der wichtigsten Projekte ist die Entwicklung einer Technologie, die es uns ermöglicht, unsere Gedanken ohne Benutzung einer Tastatur in Worte zu fassen. Dies geschieht, indem unsere Gehirnströme gesammelt und ausgewertet werden; das heißt, der Gedanke an ein Wort generiert Gehirnströme, die mit dieser Technologie „übersetzt" werden und dann direkt im Computer, Tablet oder Smartphone geschrieben werden. Im Jahre 2017 war es das Ziel, auf 100 Worte pro Minute zu kommen; zum heutigen Zeitpunkt (August 2019) ist nicht bekannt, ob dieses Ziel schon erreicht worden ist. Facebook war 2017 in die Neurowissenschaften eingestiegen, um tiefere Einblicke in das Verhalten seiner Nutzer gewinnen und mit den so erlangten Daten seine Werbung individuell optimieren zu können[1]. Auch bei Instagram wird der Fokus der User auf Werbung mit neurowissenschaftlichen Methoden erforscht.

1.1   Einfache Entscheidungen erforschen

Wir haben gesagt, dass die Neuroökonomie auch *Decision Neuroscience* genannt wird. Eine grundlegende Frage ist also, wie sich das Gehirn bei einfachen Entscheidungen verhält, beispielsweise bei einer Wahl zwischen einem Apfel und einer Orange. Welche Parameter oder Variablen benutzt das Gehirn, um sich zwischen diesen zwei Obstsorten zu entscheiden? Welchen Einfluss haben neurobiologische Komponenten auf die endgültige Entscheidung? Sobald man einfache Entscheidungen versteht, kann man auch komplexere Entscheidungen studieren, weil dort die gleichen Rahmenbedingungen vorhanden sind. Diese Theorie wurde durch diverse experimentelle Studien bestätigt. Ein Beispiel einer komplexen Entscheidung ist die Wahl zwischen zwei potenziellen Partnern. Aber auch etwas Banales wie der Kauf eines Autos erfordert komplexe Gehirnvorgänge. Wie wir sehen werden, spielen auch Gefühle eine fundamentale Rolle bei der Entscheidungsfindung. Aus diesem Grund konzentriert sich die Werbung nicht auf Fakten, sondern versucht, die Gefühle potenzieller Käufer anzusprechen.

Bis vor kurzem waren Emotionen für Ökonomen wenig interessant, weil sie schwer quantifizierbar waren. Durch die oben genannten bildgebenden Verfahren wurden sie jedoch auch für die Wirtschaftswissenschaften relevant und nützlich.

Wie interpretiert man fMRT-Bilder?
Dafür muss man mindestens zwei Aufnahmen der Probanden in verschiedenen Zuständen machen: einmal im Ruhestand (ohne Reiz) und ein zweites Mal im Aktivitätszustand (also in der gewünschten Reizsituation). Will man beispielsweise die Hirnregionen sehen, die beim Anblick einer Vogelspinne aktiv werden, zeigt man den Probanden als Reizsituation Bilder von Spinnen; beim Ruhezustand zeigt man ihnen dann keine Bilder. Daraufhin kann man die Situationen

---

[1]Das neurowissenschaftliche Zentrum Facebooks, *Center for Marketing Science Innovation,* befindet sich in einem ehemaligen Nachtclub in Manhattan.

miteinander vergleichen, um zu sehen, welche Hirnregionen bei der Reizsituation aktiviert waren. Daraus lassen sich Rückschlüsse auf die aktiven Hirnregionen und deren Funktion ziehen.

Wie funktioniert fMRT?
Wenn das Gehirn ein bestimmtes Areal verwendet, dann braucht diese Region mehr Sauerstoff und Energie (Glukose). Der Transport von Sauerstoff zu den Neuronen wird durch Hämoglobin getätigt. Hämoglobin besteht aus Eisen, weswegen man die magnetische Stärke von Hämoglobin messen kann (und deswegen auch der Name Magnetresonanztomografie). Über die Amygdala werden wir in den nächsten Kapiteln noch oft sprechen.

1.2   Ökonomisches Modell

Noch immer existiert ein ökonomisches Modell, das den Menschen als „Nutzenmaximierer" betrachtet, den sogenannten Homo oeconomicus. Dieses Modell muss allerdings überarbeitet werden, denn bei manchen Verhaltensweisen des ökonomisch handelnden Menschen spielen auch Emotionen eine wichtige Rolle, zum Beispiel bei der Spendenbereitschaft.

Bildgebende Studien haben gezeigt, dass zwei evolutionär alte Hirnregionen aktiv sind, wenn man Geld an bedürftige Personen Spendet, und vor allem, wenn dies freiwillig geschieht (Harbaugh et al. 2007). Das Interessante ist, dass diese beiden Hirnregionen (der Nucleus caudatus und der Nucleus accumbens) auch genau dann aktiv sind, wenn wir zum Beispiel ein gutes Essen zu uns nehmen oder uns von anderen Menschen wertgeschätzt fühlen. Diese Experimente zeigen quasi, dass unser Gehirn ein soziales Organ ist und dass die einfache „egoistische" Nutzenmaximierung des Homo oeconomicus nicht hauptverantwortlich dafür ist, Entscheidungen zu treffen.

Ökonomen verwenden das Konzept der Nutzenmaximierung, um Entscheidungen des rational denkenden Menschen erklären und analysieren zu können, aber sie benutzen es als eine objektive, gleichbleibende Variable für alle Menschen. Dies ist aber nicht so. Wir wissen, dass Belohnungen wie Geld oder Essen heutzutage notwendig sind, um zu überleben. Aber Geld ist nicht gleich Geld. Die Freude beim Erhalt von 50.000 EUR unterscheidet sich zwischen einem reichen Menschen und einer Studentin. Diese Erfahrung (Nutzen, wie es die klassische Ökonomie nennt) ist eindeutig subjektiv und kein absoluter Wert. Die Neuroökonomie untersucht unsere subjektiven Wahrnehmungen und wie diese beeinflusst werden. Neuroökonomische Experimente haben zum Beispiel gezeigt, dass Menschen in ihrer Entscheidungsfindung davon beeinflusst werden, wie schnell sie eine Belohnung erhalten und auch von der Höhe der Belohnung. Da spielen natürlich Emotionen eine sehr große Rolle, die von der herkömmlichen ökonomischen Theorie bisher vernachlässigt worden sind.

1.3   Einblick in das Gehirn

Um das Gehirn besser verstehen zu können, muss man seine Bedürfnisse kennen. Das Gehirn hat nämlich wie jedes Organ Grundbedürfnisse. In diesem Fall sprechen wir jedoch nicht von physiologischen, sondern von psychischen Bedürfnissen. Das Gehirn hat vier Grundbedürfnisse (in Kap. 3 gehen wir näher auf diese vier Grundbedürfnisse ein, und wie Unternehmen dieses Wissen nutzen, um unser Kaufverhalten und Entscheidungen zu steuern):

1. Selbstwertschutz und Selbstwerterhöhung
2. Lustgewinn und Unlustvermeidung
3. Bindung
4. Orientierung und Kontrolle

Defizite bei einem dieser Grundbedürfnisse haben auch einen Einfluss auf die anderen Grundbedürfnisse. Manche Leute versuchen, ein solches Defizit mit einem Überschuss bei einem anderen Grundbedürfnis zu kompensieren. So können unsichere Bindungen zu Verlust in Kontrolle und Orientierung führen, und/oder Lustgewinn kann plötzlich auf eine „ungesunde" Art befriedigt werden, zum Beispiel mit Drogenkonsum. Wir streben nach einem Gleichgewicht bei diesen vier Grundbedürfnissen, weil sie beispielsweise unsere Entscheidungsfindung beeinflussen. Unternehmen wissen das und versuchen, uns bei der Befriedigung unserer Grundbedürfnisse zu „helfen". Ein Porsche steigert unseren Selbstwert, meint Porsche. Auch indirekten Lustgewinn soll uns ein Porsche geben: Geschwindigkeit und Potenz befriedigen die „primitiven" Seiten des (hauptsächlich) männlichen Geschlechtes. Wie wir gesehen haben, versuchen Facebook und Co. unser Bedürfnis nach Bindung auszunutzen. Ich schreibe diesen Text auf einem MacBook Air. Mir ist bewusst, dass Apple nicht nur eine Computermarke ist, aber es ist nicht so leicht, gegen die eigenen Bedürfnisse anzukämpfen.

Damit wir motiviert sind, überhaupt irgendetwas zu tun oder eine Entscheidung zu treffen, besitzt unser Gehirn ein sogenanntes Belohnungssystem. Die Suche nach der Befriedigung der vier Grundbedürfnisse motiviert uns zum Handeln, und das Belohnungssystem ist hier der Dirigent.

Wie funktioniert das Belohnungssystem?

Abgesehen von lebenswichtigen Bedürfnissen wie Essen und Trinken haben wir auch eine Sehnsucht, ein Verlangen, nach Dingen, die uns glücklich machen (siehe Grundbedürfnis Lustgewinn), wie zum Beispiel ein Stück Sachertorte zu essen (nicht unbedingt notwendig zum Überleben, obwohl die Wiener da anderer Ansicht sein könnten). Die Großhirnrinde teilt uns mit, dass wir ein Verlangen nach der Torte haben, weil wir uns besser fühlen werden, nachdem wir sie gegessen haben. Das Signal der Großhirnrinde wird an das limbische System und den Hippocampus gesendet, und diese geben dann wiederum den Befehl zurück, die Torte zu essen. Die Aussicht auf das anschließende Glücksgefühl setzt Dopamin frei, auch als „Glücksbotenstoff" bekannt, der wiederum durch das limbische System und den Hippocampus aktiviert wird. Diese sagen uns dann, was zu tun ist, damit wir dieses Glücksgefühl weiter in der Großhirnrinde empfinden können.

Die Neurotransmitter Dopamin und Serotonin scheinen im Hinblick auf die Belohnungswahrscheinlichkeit und die intertemporale Entscheidungsfindung (das heißt, wann wir die Belohnung erhalten) eine wichtige Rolle im Gehirn zu spielen. Neurotransmitter sind Botenstoffe, die die Kommunikation zwischen Neuronen (Nervenzellen) ermöglichen. Verlust und Gewinn werden im Belohnungssystem unterschiedlich behandelt. Wenn ich Ihnen sage, dass Sie mir in einem Jahr 100.000 EUR geben müssen, dann ist Ihr Schock über diesen möglichen Verlust sehr groß. Aber wenn ich Ihnen sage, dass Sie in einem Jahr 100.000 EUR von mir bekommen werden, dann ist Ihr „Freude-Schock" geringer als der, den Sie bei dem potenziellen Verlust empfunden hätten. Die neuesten neurobiologischen Bilder zeigen, dass Verluste in einem anderen Teil des Gehirns verarbeitet werden als Gewinne. Ein Verlust verursacht ein sehr starkes Gefühl: Angst. Für die Angst ist ein Teil des limbischen Systems zuständig, das Fluchtimpulse steuert und sich Amygdala nennt (Näheres dazu später).

Auch das „Gratis"-Prinzip hat mit Verlusten zu tun. Dan Ariely, Professor für Verhaltensökonomie am Massachusetts Institute of Technology, hat sich gefragt, warum die Aussicht auf etwas Kostenfreies für uns so verlockend ist: „Woher kommt der irrationale Drang des Menschen, sich auf einen kostenlosen Gegenstand zu stürzen, auch wenn er ihn eigentlich gar nicht will?" (Ariely 2008). Besser kann man die Frage nicht formulieren. Die Antwort, die uns Ariely gibt, ist folgende: Wenn wir etwas kaufen, gibt es positive und negative Aspekte, aber wenn wir etwas gratis angeboten bekommen, dann vergessen wir die negativen Seiten eines Produktes komplett. Wir erhalten ein starkes emotionales High, sodass wir das Gratisprodukt wertvoller finden, als es tatsächlich ist. Dieses High entsteht, weil der Mensch eine starke natürliche Angst vor Verlust hat.

Das Belohnungssystem bestraft Verluste (in Kap. 2 konzentrieren wir uns auf Angst und schmerzhafte Verluste).

Die wichtigsten Bestandteile dieses Schaltkreises sind also die Großhirnrinde, das limbische System und der Hippocampus. Sehen wir uns diese im Detail an.

Das Großhirn regelt die meisten der Funktionen, die uns zu Menschen machen. Die Großhirnrinde ist eine dünne Schicht, die das Großhirn überzieht. Diese Schicht beinhaltet die Stirnlappen, in denen sich die meisten unserer höheren geistigen Funktionen und die Komponenten zur Entscheidungsfindung befinden. Auch die Verarbeitungszentren von Sprache und visueller Information befinden sich in der Großhirnrinde[2].

Der Hippocampus erhielt seinen Namen aufgrund seiner Form nach dem griechischen Wort für „Seepferdchen". Er spielt eine zentrale Rolle im Lernprozess, weil das Langzeitgedächtnis vom Hippocampus gesteuert wird. Fakten und persönliche Erfahrungen, das sogenannte „Wissensgedächtnis", werden im Hippocampus gespeichert. Aus diesem Grund gelingt gehirngerechtes Lernen nur durch Motivation, also durch Erwartung oder Ausschüttung des „Glücksbotenstoffes" Dopamin.

Das limbische System kann man, vereinfacht gesagt, als Zentrale unserer Emotionen bezeichnen. Zu den wichtigsten Komponenten des limbischen Systems gehören die Amygdala (oder wegen seiner mandelartigen Form auch „Mandelkern" genannt) und der Nucleus accumbens. Belohnung, Suchtverhalten und (sexuelle) Lust werden vom Nucleus accumbens gesteuert. Der Mandelkern (Amygdala) ist für Angst zuständig.

Emotionen finden im limbischen System statt, aber was sind Emotionen? Wissenschaftlich bestehen Emotionen aus vier Grundgefühlen: Angst, Freude, Trauer und Wut (manchmal werden auch Ekel und Überraschung als Grundgefühle definiert). Diese Emotionen sind universell und instinktiv. In Experimenten hat man Probanden verschiedener Kulturen und Völker Bilder mit Gesichtern gezeigt, die Angst, Freude, Trauer oder Wut ausdrückten, und die Emotionen wurden übereinstimmend zugeordnet und erkannt, egal zu welcher Kultur die Befragten gehörten. Des Weiteren werden Emotionen als instinktiv betrachtet, weil selbst Kleinkinder diese Grundgefühle zeigen.

---

[2]Die Großhirnrinde ist in vier Regionen unterteilt, die sogenannten Lappen. Die Scheitellappen verarbeiten die Signale der Sinnesorgane, die Schläfenlappen die der Sprache und die Hinterhautlappen verarbeiten visuelle Informationen; die Stirnlappen sind, wie erwähnt, verantwortlich für die Entscheidungsfindung und die geistigen Funktionen, die uns zu Menschen machen.

Mit dem Wissen dieser grundlegenden neurowissenschaftlichen Erkenntnisse fällt es sehr schwer, noch weiter an den Homo oeconomicus, den rational denkenden Menschen, zu glauben. Deswegen wird die Neuroökonomie, mit der Weiterentwicklung der Neurowissenschaften, eine zentrale Rolle in der zukünftigen Entwicklung der Volkswirtschaftslehre spielen.

1.4 Studienbereiche der Neuroökonomie

Entscheidungsfindung regiert unser ganzes Leben. Die Forschung muss sich deswegen auf bestimmte Bereiche konzentrieren. Die Neuroökonomie beschäftigt sich daher mit drei Studienbereichen:

1. intertemporale Wahl
2. Spieltheorie
3. Entscheidungsfindung unter Risiko und Unsicherheit

Intertemporale Wahl

Das reflektierte System ist geprägt von einer geringen Abwertung zukünftiger Belohnung. Im Gegensatz dazu gibt es beim impulsiven System eine überproportionale Aufwertung sofortiger Belohnung. Mithilfe von Nahrungsmitteln untersuchte man beide Systeme. Das wenig überraschende Resultat zeigte, dass Menschen, die mehr Selbstkontrolle aufwiesen (reflektiertes System), sich meistens für gesunde Lebensmittel entschieden, während die impulsiveren Probanden (affektives System) vor allem die ungesunde Nahrung auswählten (vgl. Hare et al. 2009).

Für Raucher könnte auch Folgendes interessant sein: Probanden fanden das Rauchen einer Zigarette deutlich weniger genussvoll, nachdem ihr Fokus auf Langzeitschäden des Rauchens gelenkt wurde.

Dan Ariely beschäftigt sich auch mit dem ewigen Aufschieben und warum es uns nicht gelingt, zu tun, was wir wollen. Er beschreibt dies sehr gut wie folgt: „Wir nehmen uns vor, vor dem Ruhestand zu sparen, geben das Geld aber für einen Urlaub aus. Wir haben die besten Absichten, Diät zu halten, erliegen aber den Verlockungen eines Dessertwagens. Wir wollen regelmäßig unseren Cholesterinspiegel überprüfen lassen und sagen dann dem Termin beim Arzt ab. Was alles verlieren wir, wenn wir uns durch flüchtige Impulse von unseren langfristigen Zielen abbringen lassen?" (Ariely 2008). So sind Gesundheitsvorsorge und Verbraucherkredite oder Sparen Entscheidungen, die mit dem Jetzt und der Zukunft zu tun haben, also intertemporale Entscheidungen.

Spieltheorie

Spieltheorie ist das Studium (mathematischer) Modelle für Verhandlungen, Konflikte und Zusammenarbeit zwischen Einzelpersonen, Organisationen, Regierungen und anderen Lebewesen. Da es sich in der Spieltheorie um strategische Entscheidungen handelt, kann man Experimente mit dem fMRT verfolgen. Ein Beispiel könnte die Entscheidung sein, dem Wunsch des Partners nachzugeben, zum Abendessen auszugehen, obwohl man eigentlich lieber zuhause bleiben wollte. Was geht im Gehirn vor, wenn beide Entscheidungen abgewogen werden?

Entscheidungsfindung unter Risiko und Unsicherheit

Bei Risiko und Ungewissheit spielen Emotionen eine entscheidende Rolle. Wie oben erwähnt, ist die Amygdala (auch „Mandelkern") die Zentrale der Angst. Diverse Studien haben mithilfe von Gehirnscans gezeigt, dass der Mandelkern stark aktiviert wird, wenn hypothetische Testszenarien eine Ungewissheit und/oder ein Risiko beinhalten. Die Finanzmärkte sind bekanntlich geprägt von Ungewissheit und Risiko. Gewinne, Verluste und Investitionsrisiken hängen nicht nur von unserem Finanzwissen ab, sondern werden oft stärker von unseren Emotionen und unserem Umgang mit Angst beeinflusst. Der Zweig der Neuroökonomie, der sich mit Finanzen und dem Gehirn beschäftigt, nennt sich Neurofinanzen. In Kap. 2 werden wir uns ganz diesem Thema widmen, weil Entscheidungen dort eine zentrale Rolle für den Erfolg oder Misserfolg spielen.

Sex, Börse und Glücksspiel werden alle gleich behandelt. Wenn Hormone wie Dopamin und Adrenalin ins Spiel kommen und Hirnregionen aus dem limbischen System (Emotionen) aktiv werden, sind die Entscheidungen der Menschen durch Gefühle beherrscht. Wenn es um Sex und schnelles Geld geht, spielt Dopamin immer eine Rolle. Neurobiologische Studien haben gezeigt, dass Investoren auf den Finanzmärkten bei Kauf und Verkauf oft nur die „Gefühlsregion" des Gehirns eingeschaltet haben.

1.5   Zukunft der Neuroökonomie

Eigentlich sollte dieser Titel „Zukunft der Ökonomie" heißen. Tatsächlich stellt die Neuroökonomie die traditionelle Ökonomie infrage. Hat der Homo oeconomicus, der kühl seinen Nutzen maximierende Mensch, damit als Erklärungsmodell für ökonomische Entscheidungen ausgedient? Ja, der Mensch ist kein kühler Kalkulator. Die Verfahren der Neuroökonomie liefern vielversprechende Ansätze, um die ökonomische Theorie weiterzubringen. Es ist beispielsweise das Gefühl und nicht die Rationalität, das den Anlegern signalisiert, zuzugreifen und einen schnellen Gewinn mitzunehmen.

Zusätzlich verstehen wir derzeit nur etwa fünf Prozent von dem, was im Gehirn vor sich geht; es gibt noch sehr viel zu erforschen, sodass die Zukunft der Neuroökonomie und Hirnforschung weiter spannend und interessant bleibt.

Neurofinanzen

2

Michael Mauboussin, Chefstratege bei Legg Mason Capital und Finanzprofessor an der Columbia Business School in New York: „Vom Standpunkt der Evolution aus betrachtet, hat der Mensch nicht die geistige Ausstattung, um rational an Kapitalmärkten zu investieren".

2.1 Gehirn und Geld

Geld ist mächtig. So mächtig, dass unser Gehirn, wortwörtlich, verrückt danach werden kann und Sachen dafür tun würde, die es sonst für nichts anderes tun würde[1].

Wer ist nicht vertraut mit dem Gefühl der Gier? Wieso können wir das Casino nicht einfach verlassen, wenn wir am Roulettetisch schon etwas gewonnen haben? Wieso halten wir so lange an Aktien fest, die negative Renditen liefern, aber verkaufen so schnell Aktien mit Gewinn? Wieso überschätzen einige Finanzleute ihre Fähigkeiten bei der Finanzberatung? Wieso gibt es Momente, in denen wir das Risiko unterschätzen oder gar nicht sehen? Wie treffen wir Entscheidungen bei Ungewissheit? Was hat das Risiko an sich, dass so viele Leute es lieben?

Die traditionelle Ökonomie, wie sie noch immer an Universitäten und Fachhochschulen gelehrt wird, hat Schwierigkeiten, all diese Fragen zu beantworten. Wieso? Weil sie implizieren, dass der Mensch Emotionen und Gefühle besitzt

---

[1]Das Thema Geld und Gehirn ist für die reale Wirtschaft so wichtig geworden, dass es schon Unternehmen gibt, die im Thema „Geld und Gehirn" beraten, unter anderem bei Demenz Investitionen und Sparen. Ein Beispiel ist das Institut für Angewandte Finanzpsychologie mit Sitz in Deutschland.

© Springer Fachmedien Wiesbaden GmbH, ein Teil von Springer Nature 2020
P. Peyrolón, *Grundzüge der Neuroökonomie,* essentials,
https://doi.org/10.1007/978-3-658-28390-2_2

und dass er selten vollkommen rationale Entscheidungen trifft. Der Homo oeconomicus war eine bequeme Vereinfachung der Realität, als wir noch nicht die Möglichkeit hatten, einen Blick ins Gehirn der Menschen zu werfen. *Behavioural Economics and Finance* (auch Wirtschafts- und Finanzpsychologie genannt) haben die Grundlagen für die Beantwortung der obigen Fragen bereitgestellt.

Mithilfe von Experimenten und Gehirnscans kann man das Verhalten von Menschen erklären und teilweise sogar Prognosen dazu aufstellen. Da es sich bei Finanzen, speziell bei den Finanzmärkten, normalerweise um Entscheidungen unter Ungewissheit und Risiko handelt, sind Geldentscheidungen ein sehr interessantes Forschungsfeld für die Neuroökonomie. Eines dieser interessanten Experimente bestand darin, einer Gruppe von Probanden Bilder von Menschen mit einem glücklichen, zornigen oder verängstigten Gesichtsausdruck zu zeigen. Danach hat man sie Entscheidungen unter Risiko treffen lassen, um so ihre Risikotoleranz messen zu können. Die Ergebnisse zeigten, dass die Risikotoleranz der Probanden, die das glückliche Gesicht gesehen hatten, um 30 % höher war, als die der Probanden, die zuvor das zornige oder verängstigte Gesicht zu sehen bekommen hatten. Was aber noch interessanter war: Die Probanden stritten ab, dass die Gesichter, die man ihnen gezeigt hatte, irgendeinen Einfluss auf ihre Entscheidung gehabt haben könnten. Das simple Betrachten eines glücklichen Gesichts hat einen enormen Einfluss auf unsere Risikobereitschaft und wir wissen nicht einmal, dass dies so ist. Es ist fast so, als wäre uns nicht bewusst, dass unser Umfeld einen Einfluss auf unsere Entscheidungen hat.

Ein weiteres Experiment (vgl. Wilson und Daly in Zweig 2007), das diese Schlussfolgerung bekräftigte, war folgendes: Man zeigte männlichen Probanden Oberkörper- oder Portraitfotos von Frauen auf einer erotischen Webseite. Danach gab man den Männern die Wahl, entweder am darauffolgenden Tag einen bestimmten Geldbetrag zu bekommen oder zu einem späteren Zeitpunkt einen höheren Betrag. Die Probanden, die die Oberkörperfotos zu sehen bekamen, waren deutlich weniger dazu bereit, auf das Geld zu warten. Sie entschieden sich für ein kleines sofortiges Glücksgefühl, statt länger auf ein größeres warten zu müssen. Das Umfeld wirkt sich auf gewisse Weise auf unsere Emotionen aus, was wiederum unsere „durchdachten" Entscheidungen beeinflusst.

2.2 Risikotoleranz

Weitere Studien haben gezeigt, dass sich die Risikotoleranz „leicht" beeinflussen lässt. Diese Toleranz ist also keine fixe, messbare Variable, sondern eine kontinuierliche, sich verändernde Größe. Diese Studien unterstützen auch die

Kernaussage der Neuroökonomie, dass der Mensch keine puren, rationalen Entscheidungen trifft, die komplett frei von Emotionen sind.

Das nächste Experiment zeigt, dass Unsicherheit durch Anspannung begünstigt wird und dass unsichere Menschen Risiko meiden. Das Vermeiden von Risiko beeinflusst das Geschehen der Finanzmärkte, denn wegen der Unsicherheit sind weniger Anleger bereit, in hoch volatile Wertpapiere zu investieren. Bei dem Experiment wurde ein Teil der Versuchsteilnehmer aufgefordert, sich vorzustellen, dass sie einen dringenden Anruf ihres Arztes erhalten würden (vgl. Leith und Baumeister 1996). Mit dieser Vorstellung versuchte man, die Probanden in einen unangenehmen und ungewissen Zustand zu versetzen. Danach gab man allen Probanden, also auch denen, die sich nicht einen solchen Anruf vom Arzt vorstellen sollten, die Option, mit einer Gewinnwahrscheinlichkeit von 60 % fünf Dollar zu erhalten oder mit einer riskanteren Wahrscheinlichkeit von 30 % zehn Dollar zu wählen. Die Probanden, die „den Notruf vom Arzt" bekommen hatten, entschieden sich zumeist für die sichere 60-Prozent-Chance; nicht so aber die Probanden, die keinen „Anruf" bekommen hatten. Ungewissheit macht uns konservativer und wir tendieren dazu, das Risiko bei Entscheidungen zu minimieren.

Das Problem der herkömmlichen Finanztheorie besteht darin, dass sie uns nur als rational denkende Menschen ansieht. Diesen kleinen, rational denkenden Menschen finden wir im präfrontalen Cortex: Dort sitzt unser Verstand, der Vor- und Nachteile abwägt und unsere Handlungen in der Zukunft plant, das heißt Entscheidungen trifft. Der präfrontale Cortex wird aber in den meisten Fällen vom limbischen System kontrolliert (wie in Kap. 1 gesehen, ist das limbische System die Zentrale unserer Emotionen). Das bedeutet also, dass unsere Handlungen und Entscheidungen von unseren Gefühlen gesteuert werden, und nicht, dass unsere Vernunft über unsere Emotionen Kontrolle hat. Im präfrontalen Cortex findet sich auch unser Arbeitsgedächtnis, eine Art Kurzzeitgedächtnis, das für Entscheidungen eine zentrale Rolle spielt. Wie der Arbeitsspeicher eines Computers ist unser Arbeitsgedächtnis begrenzt. Von komplexen Entscheidungen, bei denen wir viele Faktoren berücksichtigen müssen, ist es schnell überfordert. Dann kommt die Intuition ins Spiel. Die Intuition ist nicht bloß ein Bauchgefühl. Sie besteht aus dem Erfahrungsschatz ähnlich komplexer Situationen, den wir über die Jahre angesammelt haben.

Wenn Emotionen und die hohe Anzahl an Fakten unser Arbeitsgedächtnis überfordern, dann treffen wir spontane, nicht zufällige Entscheidungen, die von der Intuition gesteuert werden. Das Gehirn denkt nicht gern viel über etwas nach, nicht aus Faulheit, sondern, weil es Energie sparen will. Das Gehirn macht zwar nur circa zwei Prozent unseres Körpergewichts aus, konsumiert aber 20 % unserer Stoffwechselenergie. Das macht es zum „teuersten" Organ des Menschen. Um diese Strategie umzusetzen, verwendet das Gehirn bestimmte Muster, vergleicht Situationen miteinander und trifft Entscheidungen, die früheren ähneln, um sich das kostbare Nachdenken über eine neue Situation zu ersparen. So kann es leicht zu Fehlern kommen, weil selbstverständlich die meisten Situationen verschieden sind, auch, wenn es sich oft nur um minimale Unterschiede handelt.

Die Evolution hat unser Gehirn darauf programmiert, spontane, unbewusste Reaktionen im Körper auszulösen. So ist unsere natürliche Reaktion auf unbekannte und potenziell gefährliche Situationen der Kampf oder die Flucht. Als die ersten Vertreter des Homo sapiens eine Begegnung mit einem Löwen hatten, konnten sie es sich nicht leisten, Kosten und Nutzen aller möglichen Alternativen abzuwägen. Im Angesicht des Löwen war dafür keine Zeit. Sie mussten blitzschnell reagieren und gegen den Löwen kämpfen oder aber versuchen, vor ihm zu fliehen. Millionen Jahre der Evolution haben unser Gehirn so geformt, da können wenige hundert Jahre es nicht einfach so umprogrammieren.

Der sogenannte Framing-Effekt liefert uns noch mehr Beweise dafür, dass unsere Risikotoleranz veränderlich und subjektiv ist. In Situationen, in denen wir Geld gewinnen oder verlieren können, wie zum Beispiel bei Investitionen auf den Finanzmärkten, genügen kleine Veränderungen, um unsere Entscheidungen massiv zu beeinflussen. Eine klassische Studie zum Framing-Effekt wurde mit 400 Ärzten durchgeführt (vgl. Sedwick und Hall 2003). Ihnen wurde die Frage gestellt, ob sie bei der Diagnose einer Krebserkrankung eine Operation oder eine Bestrahlungstherapie bevorzugen würden. Der Hälfte der Gruppe wurde gesagt, dass zehn von 100 Patienten nach einer Operation sterben (dabei handelt es sich um das sogenannte Framing, also um den Deutungsrahmen der Situation). Der anderen Hälfte wurde gesagt, dass 90 von 100 Patienten eine solche Operation überleben. Die Hälfte der ersten Gruppe entschied sich für eine Bestrahlung (hier haben wir den Framing-Effekt). In der zweiten Gruppe entschieden sich nur 16 % für die Strahlenbehandlung (das ist der Framing-Effekt für die zweite Kontrollgruppe). Im Grunde haben beide Gruppen genau den gleichen Informationsgehalt bekommen: „Zehn von 100 sterben" und „90 von 100 überleben" bedeuten das Gleiche, nur, dass die Fakten anders vorgestellt werden (Framing) und die Antworten der Gruppen anders ausfallen (Framing-Effekt).

Ein Framing-Effekt, der auch oft in Supermärkten zum Einsatz kommt, ist das Prinzip von „1 + 1 gratis". „1 + 1 gratis" liefert genau die gleichen Fakten wie „50 Prozent günstiger". Trotzdem haben Studien gezeigt, dass „1 + 1 gratis" mehr Konsumenten zum Einkaufen bewegt als „50 Prozent günstiger".

Was bedeuten all diese Studien und Experimente für die Welt der Finanzen?

Anlageberater können, wie wir gesehen haben, die Risikotoleranz ihrer Kunden leicht beeinflussen. Will der Anlageberater die hochriskanten Aktien loswerden, dann muss er dafür nur das passende Framing finden. Es könnte beispielsweise so aussehen: „Bei diesen Aktien besteht eine Gewinnwahrscheinlichkeit von 45 Prozent!", anstatt „Bei diesen Aktien besteht eine Verlustwahrscheinlichkeit von 55 Prozent".

Die Ziele der Neurofinanzen sind aber durchaus breiter gefächert, als lediglich nützliche Strategien für Anlageberater anzubieten. Riemann fasst die Ziele der Neurofinanzen in drei Punkten zusammen (vgl. Riemann 2011):

1. Wirtschaftliche Optimierung und Wissensgewinn über Finanzmärkte durch Identifizierung psychologischer Faktoren und deren Einfluss auf das Handelsverhalten.
2. Zusammenhänge zwischen Persönlichkeitseigenschaften und wirtschaftlichem Erfolg bzw. Misserfolg.
3. Entwicklung von Technologien und Trainingsmethoden zur Verbesserung individueller Leistungen im Finanzhandel.

2.3 Angst

Angst spielt auf den Finanzmärkten eine zentrale Rolle. Panik, Depression, Unsicherheit, Ungewissheit, psychologische Indexe; dies alles sind Begriffe, die die Emotionen dort beschreiben. Und es ist nicht nur die individuelle Angst, die Einfluss auf das Geschehen an den Finanzmärkten hat, sondern vielmehr die kollektive Angst und Massenpaniken, die Finanzmärkte in eine Negativspirale versetzen. „Wenn man den Menschen als ein im Grunde irrationales Wesen betrachtet, ergeben sich weitreichende Konsequenzen für den Handel mit Kapital, darunter die Vorhersagbarkeit von Renditen, Liquidität, Finanzblasen und Börsencrashs" (Riemann 2011).

Angst ist ein Überlebensinstrument. Im medizinischen Bereich wird zwischen Angst und Furcht unterschieden. Die Furcht beinhaltet gespeicherte Informationen, die wir abrufen, um eine Situation besser interpretieren und so die potenzielle Gefahr einstufen zu können. Im Gegensatz dazu kann Angst auftreten, ohne dass es dafür einen direkten Auslöser gibt.

Trader, die wenig Furcht besitzen, mögen die höchsten Gewinne erzielen, aber gleichzeitig machen sie auch die höchsten Verluste[2].

---

[2]Ich spreche hier nicht von der Krankheit, überhaupt keine Furcht zu haben. Tatsächlich ist das Urbach-Wiethe-Syndrom eine sehr seltene Erkrankung, die die Amygdala (Mandelkern) zerstört, sodass die Erkrankten keine Angst oder Furcht mehr verspüren.

Wir haben gesehen, dass die Risikotoleranz flexibel und subjektiv ist. Das Gleiche gilt auch für die Furcht. Diese muss per Definition subjektiv sein, weil die gespeicherten Informationen auf verschiedenen Wissensschätzen und Erfahrungen basieren. So können beispielsweise Kinder beim Anblick eines großen bärtigen Mannes Furcht empfinden, weil sie noch nicht genug Erfahrungen und Informationen gesammelt haben, um zu wissen, dass ein großer bärtiger Mann nicht bedrohlicher ist als sonst irgendjemand.

In den Neurofinanzen studiert man deswegen auch die Reaktion auf neue Informationen. So kann jemand, der wenige Kenntnisse über die Materie besitzt, nicht viel mit der Nachricht anfangen, dass die Zinsen der USA gesenkt werden. Ein Trader aber sieht in dieser Nachricht eine potenzielle Investition in den Devisenmarkt, bei der er von der Zinsdifferenz zwischen den Währungen profitieren kann. Die Informationen, die wir für Angst oder Furcht speichern, sind also subjektiv, und die Risiken, mit denen wir diese Situationen bemessen, entsprechen oft nicht dem realen Risiko. Auch auf den Finanzmärkten werden die Risiken unter- oder überschätzt. Bei einer Umfrage unter 1000 Anlegern sollten diese die Möglichkeit bewerten, dass der US-Aktienmarkt in einem beliebigen Jahr um ein Drittel fallen könnte. Laut historischen Daten beträgt die Wahrscheinlichkeit, dass dies tatsächlich passieren könnte, nur bei zwei Prozent (vgl. Zweig 2007), für die 1000 Anleger besteht aber eine Chance von 51 %.

Dem Psychologen Daniel Kahneman zufolge neigen wir dazu, die Wahrscheinlichkeit eines Ereignisses daran zu beurteilen, wie leicht wir es uns vorstellen können (vgl. Zweig 2007). Aus diesem Grund glauben Amerikaner, dass Wirbelstürme mehr Tote fordern als Asthma. Asthma entwickelt sich langsam und viele der Erkrankten können für eine lange Zeit überleben, weshalb es weniger gefährlich scheint. In Wirklichkeit sterben viel mehr Menschen an den Folgen von Asthma als durch Wirbelstürme. Kurz gesagt: Je leichter und lebhafter eine Gefahr vorstellbar ist, desto beängstigender ist sie.

An den Finanzmärkten hat man hauptsächlich Angst vor dem monetären Verlust. Ein Gewinn aktiviert das Belohnungssystem. „Glückliche" Botenstoffe werden ausgeschüttet (genau das Gleiche passiert, wenn man im Casino am Roulettetisch gewinnt). Wir werden gierig nach diesem angenehmen Glücksgefühl. Diese Gier kann für uns aber fatale Folgen haben, denn sie öffnet die Tür zur Sucht. Das Gefühl kann mit dem High nach Kokainkonsum verglichen werden. Ein Experiment mit Ratten zeigt, wie gefährlich die Gier nach Glück sein kann. In den Fünfzigerjahren hat man Ratten Elektroden im Gehirn implantiert, die das Belohnungszentrum elektrisch stimulieren konnten. Dadurch fühlten die Ratten sich großartig und glücklich. Sie mussten lediglich einen kleinen Hebel drücken, der einen leichten Stromschlag auslöste und bei ihnen zu Glücksgefühlen führte.

Die Glücksgefühle waren so überwältigend, dass die Ratten süchtig nach ihnen wurden und immer wieder den Hebel drückten, um weiter dieses Glücksgefühl zu spüren. Dies führte so weit, dass die Ratten ihr Verhalten drastisch veränderten und körperliche Grundbedürfnisse wie Fressen oder Trinken komplett vernachlässigten. Sogar ihr eigener Nachwuchs wurde nicht mehr versorgt. Am Ende starben die Ratten, weil sie nichts anderes mehr machten, als den Hebel zu drücken. Wir sind zwar keine Ratten, aber wir wissen ganz genau, welche Hebel wir drücken müssen, um unser Belohnungszentrum zu aktivieren.

Wie reagiert das Gehirn auf Verluste? Diverse Studien haben gezeigt, dass die Mehrheit der Anleger gewinnbringende Wertpapiere nur kurz hält und sich dagegen schwer damit tut, sich von verlustreichen Wertpapieren zu trennen. Wir wollen etwas in der Hand halten, deswegen realisieren wir Gewinne schnell. Unser Belohnungszentrum wird aktiviert. Die Kurse dieser Wertpapiere steigen danach weiter. Wir hätten also mehr gewinnen können und versprechen uns selbst, dass wir beim nächsten Mal mehr Geduld aufbringen werden. Aber dann passiert das Gleiche: Wir realisieren unsere Gewinne erneut zu früh. So ist unser Gehirn programmiert. Aber wieso behalten wir so lange die Wertpapiere mit Verlusten? Solange wir Investitionen nicht abschließen, haben wir nur einen potenziellen oder latenten Verlust. Erst wenn wir verkaufen und die Verluste sich materialisieren, fühlen wir uns schlechter. Und es ist logisch, dass wir uns schlecht fühlen, denn man hat herausgefunden, dass Verlust (von Geld oder anderen wertvollen Dingen) eine Region im Gehirn anregt, die auch bei körperlichen Schmerzen aktiviert wird. Dabei handelt es sich um die sogenannte Inselregion. Und da wir eher selten freiwillig Schmerzen empfinden möchten, verzögern wir den Verkauf mit Verlusten, um das Schmerzhafte damit weiter nach hinten zu schieben.

Auch die Amygdala (Mandelkern, vgl. Kap. 1) ist an diesem Prozess beteiligt. Die genauen Hintergründe sind noch unbekannt, aber man weiß, dass Menschen mit einer Läsion der Amygdala keine Verlustaversion zeigen. Man kann sich also durchaus fragen, wie viele Trader und Broker mit einer Läsion des Mandelkerns wohl an der Finanzkrise 2008 beteiligt waren.

2.4 Auf der Suche nach dem Kick an den Finanzmärkten

Geld ist das wichtigste Element einer kapitalistischen Gesellschaft. Man wird „belohnt" für das, was man leistet, und mit dieser Belohnung kann man sich (unter anderem) Sachen kaufen, die glücklich machen (sollen). Kein Wunder, dass das Gehirn Geld eine so große Bedeutung zumisst. Belohnung bedeutet Ausschüttung von Hormonen und Neurotransmittern (zum Beispiel Dopamin), die uns in einen angenehmen Zustand versetzen. Das Gehirn besitzt ein Belohnungssystem, das nicht nur durch Geld aktiviert wird: Weihnachtskekse von der Oma oder ein Glas Wasser, nachdem man den Kahlenberg mit dem Rad bestiegen hat, aktivieren das Belohnungszentrum des Gehirns.

Verlangen und die Aussicht auf Belohnung motivieren uns zum Handeln. Aus Sicht der Evolution ist dies ein logischer Vorgang, denn ohne diesen Handlungsbedarf gäbe es keine Überlebenschance, keine Fortpflanzung, was in der Folge zum Aussterben unserer Art führen würde. Verantwortlich für diesen Prozess ist das Belohnungssystem[3].

Freude, Glück und Liebe schütten Botenstoffe im Gehirn aus, die ein sehr angenehmes (Wohl-)Gefühl auslösen und uns zum Agieren bewegen. Wenn man allerdings süchtig nach diesen Gefühlen wird, dann läuft man Gefahr, in einen Teufelskreis zu geraten.

Wir können das Belohnungssystem als „Lustzentrum" betrachten (wissenschaftliche Bezeichnung: Nucleus accumbens) (Hirnforschung Sucht: Die Motivation zu schlechten Zielen) und wie wir gesehen haben, wird dieses Lustzentrum durch verschiedene Aktivitäten angeregt. Es reicht schon aus, eine Belohnung oder ein Geschenk zu erwarten, damit wir uns wohl fühlen und zu handeln beginnen. Voller Weisheit ist das Sprichwort: „Vorfreude ist die schönste Freude".

Die Finanzpsychologie studiert, wie Menschen mit Geld und Investitionen umgehen. Es gibt die, die gern Geld ausgeben, die, die kein Risiko eingehen wollen, und auch die, die ohne irgendein Risikogefühl eine Bank durch Zins- und Indexspekulationen in den Ruin treiben können. Das geschah mit der britischen Bank Baring (gegründet 1717), als der Terminhändler Nick Leeson im Jahr 1995 insgesamt 1,4 Mrd. US$ durch riskante Spekulationen verlor und so Barings in den Bankrott führte. Durch die Neuroökonomie können die Erkenntnisse der Finanzpsychologie bestätigt oder widerlegt werden. Auch der Umgang mit Risiko kann mit neurowissenschaftlichen Methoden erforscht werden. Nicht jeder braucht Bungeejumping oder Fallschirmspringen, um den „Kick" zu bekommen.

---

[3]Das Belohnungszentrum ist ein komplexes Netz verschiedener Hirnareale und Neuronen, dass auch mesolimbisches Belohnungssystem genannt wird.

2.5   Die Zukunft der Neurofinanzen

Die Psychologie spielt auf den Finanzmärkten eindeutig eine sehr große Rolle. Das bedeutet gleichzeitig, dass das Gehirn eine sehr große Rolle spielt. Mit den Neurowissenschaften eröffnen sich neue Möglichkeiten zum Verständnis von Angst und Risikotoleranz auf den Finanzmärkten. Ungewissheit und Verhalten in Bezug auf die Zukunft sind auch ein zentrales, praxisorientiertes Thema der Neurofinanzen. Aber auch der Umgang mit Informationsüberfluss oder Stress auf den Märkten kann durch die Neurofinanzen verbessert werden. Neurofinanzen haben eine interessante Zukunft vor sich, weil Emotionen und Entscheidungen, zwei der Hauptthemen der Neuroökonomie, eine zentrale Rolle auf den Finanzmärkten spielen.

Neuromarketing

3

3.1 Irrational und emotional

Klinische Studien bestätigen, dass der Mensch seine Umgebung zu fünf Prozent bewusst und zu 95 % unbewusst wahrnimmt. In Anbetracht dieser Erkenntnis kann das traditionelle Marketing nicht mit dem Neuromarketing mithalten. Ziel des Marketings ist es, das Belohnungssystem auf eine solche Art zu aktivieren, dass wir zum Kauf eines bestimmten Produkts oder einer Dienstleistung gebracht werden. Das Belohnungssystem wird schon bei der Aussicht auf etwas Angenehmes aktiviert. Wenn ich beispielsweise plane, ein bestimmtes Auto zu kaufen, das mir von der Werbung „empfohlen" wurde, dann denke ich, dass ich mich danach besser fühlen werde. Wäre es jedoch wirklich so simpel, dann hätten die Autoverkäufer leichtes Spiel. Das Problem ist selbstverständlich die Konkurrenz und die richtigen „Knöpfe" im Gehirn zu drücken, damit man dieses bestimmte Produkt kauft.

Wir kaufen immer auch Gefühle; vielleicht nicht unbedingt, wenn wir Plastiksäcke kaufen, aber die meisten unserer Käufe haben eine emotionale Komponente. Und das Neuromarketing nutzt diese Tatsache aus. Man versucht, die emotionalen Areale in unserem Gehirn zu aktivieren, um so zum Belohnungszentrum zu gelangen. Emotionen werden im limbischen System generiert. Dies ist ein unbewusster Prozess. Erst wenn diese Gefühle bewusst im Kortex empfunden werden, gibt es Anzeichen von Emotionen. Wir sprechen die ganze Zeit von Gefühlen und Emotionen.

Wie unterscheidet aber die Neurowissenschaft zwischen Gefühlen und Emotionen?

Der Neurowissenschaftler António Damásio (1997) differenziert hier wie folgt: Emotionen, sagt er, seien körperliche Reaktionen, die auf einen Reiz folgen und nach außen sichtbar sind; Gefühle hingegen entstünden, wenn das Gehirn die

© Springer Fachmedien Wiesbaden GmbH, ein Teil von Springer Nature 2020
P. Peyrolón, *Grundzüge der Neuroökonomie*, essentials,
https://doi.org/10.1007/978-3-658-28390-2_3

Reaktionen des Körpers analysiert und bewusst wahrnimmt. Das klassische Beispiel ist das Treffen eines Bären im Wald. Ein Bär bedeutet Gefahr. Diese wird von unserem Gehirn wahrgenommen und verschiedene Gehirnareale, insbesondere die Amygdala, „feuern" verschiedene Botenstoffe (Neurotransmitter, die für die Kommunikation zwischen Neuronen verantwortlich sind), die Emotionen in unserem Körper aktivieren. Innerhalb von Millisekunden entscheidet unser Gehirn, ob unser Körper bei der Begegnung mit dem Bären erstarren oder weglaufen soll. Heutzutage begegnen wir selten Bären im Wald, und trotzdem ist unser Gehirn durch die Millionen Jahre Evolution auf Flucht, Kampf oder Starre programmiert.

3.2   Was sind die Vorteile des Neuromarketings?

Eine zentrale Frage im Marketing ist, warum wir ein Produkt im Regal stehen lassen und lieber nach einem anderen greifen. Früher versuchte man diese Frage mit Sozialforschung zu beantworten, heutzutage benutzt man die Erkenntnisse der Hirnforschung. Vorteile der Anwendung dieser Erkenntnisse sind:

Erhöhung des Markenwerts
Durch Anwendung neurowissenschaftlicher Erkenntnisse wird die Marke intensiver wahrgenommen, was zu einer erhöhten Aufmerksamkeit führt.

Kundengewinnung
Wir sind emotionale Wesen. Neuromarketing richtet sich nicht an das Rationale, sondern spricht gezielt unsere Emotionen an. So gewinnt man mit Neuromarketing neue Kunden, bei denen traditionelles Marketing bisher keine Wirkung gezeigt hat.

Erleichterung der Kaufentscheidung
Da Marken in unserem Gehirn emotional verankert sind, sind wir bei positiven Emotionen motivierter, zu kaufen[1].

Anhand von Beispielen zu Facebook und Amazon werden wir das verdeutlichen.

---

[1]Eine auf Neuromarketing spezialisierte Werbeagentur beschreibt diese Punkte ziemlich direkt und aggressiv: „Neuromarketing stellt die Emotion vor das Rationale, da der Köder bekanntlich dem Fisch schmecken muss und nicht dem Angler", sowie: „Durch Emotionalisierung wird Ihre Marke für Ihre Kunden so unwiderstehlich wie der Honigtopf für den Bären."

3.3 Die vier Grundbedürfnisse

All diese biologischen Programme sind in unserem Gehirn noch fest etabliert, nur dass ein Bär inzwischen durch ein schnell fahrendes Auto ersetzt worden ist.

Neuromarketing versucht, die vier Grundbedürfnisse des Gehirns anzusprechen, auch psychische Grundbedürfnisse genannt. Mit den körperlichen Grundbedürfnissen wie Hunger, Durst, Sex oder Schlaf können wir besser umgehen, weil sie überlebenswichtig sind. Mit den psychischen Grundbedürfnissen haben wir jedoch manchmal Schwierigkeiten. Die vier psychischen Grundbedürfnisse (vgl. Kap. 1) sind:

1. Bedürfnis nach Selbstwerterhöhung und Selbstwertschutz
2. Bedürfnis nach Lustgewinn und Unlustvermeidung
3. Bedürfnis nach Bindung und Geborgenheit
4. Bedürfnis nach Orientierung und Kontrolle

Selbstwertschutz und Selbstwerterhöhung
Wir wollen uns wohlfühlen und Lob bekommen. Wir wollen auch respektiert werden und uns vor denen schützen, die uns körperlich und psychisch wehtun. Es handelt sich dabei um das von Kindheit an vorhandenes Bedürfnis, sich selbst als gut, kompetent und von anderen wertgeschätzt fühlen zu wollen. Mutter und Vater spielen deswegen eine große Rolle für eine gesunde Persönlichkeitsentwicklung.

Bedürfnis nach Lustgewinn und Unlustvermeidung
Wir alle streben danach, unangenehme oder schmerzhafte Erlebnisse zu vermeiden. Am besten sieht man dieses Bedürfnis bei Kindern: eine permanente Suche nach angenehmen Dingen. Im Erwachsenenalter sind wir gezwungen, zu arbeiten und Verantwortung zu übernehmen. Die Zeit für angenehme Erfahrungen wird immer knapper. Diesen Mangel an Zeit kompensieren wir mit kurzen, aber sehr intensiven Erlebnissen. Manchmal läuft allerdings etwas schief und wir suchen Lustgewinn durch suchterzeugende Substanzen, die das Glückshormon Dopamin aktivieren. Die internationale Bewegung „Slow Movement" versucht, gegen die Beschleunigung in der Gesellschaft anzukämpfen und unser natürliches Bedürfnis nach Lust wiederzuerlangen[2].

---

[2]Weitere Informationen über das *Slow Movement* finden Sie unter: https://www.slowmovement.com/.

Lustgewinn ist ein primäres Motiv für unsere Entscheidungen: Wir entscheiden uns gegen aversive Situationen und versuchen stattdessen, angenehme Situationen aufzusuchen.

Bedürfnis nach Bindung und Geborgenheit
Schon nach der Geburt haben wir ein Bedürfnis nach Bindung und Geborgenheit, das überlebensnotwendig ist, denn in den ersten Jahren sind wir auf die Hilfe und Unterstützung anderer angewiesen. Auch im Erwachsenenalter spielt Bindung noch immer eine wichtige Rolle. Facebook oder Dating-Apps profitieren vom Bedürfnis der Zugehörigkeit und Geborgenheit. Fehlen soziale Kontakte, entsteht im Gehirn ein Schmerz, der uns zur Suche nach Bindung zwingen will. In unserer beschleunigten Gesellschaft ist das fehlende Sozialleben zu einem ernsthaften Problem geworden. Einsamkeit verursacht psychische Störungen wie irrationale Ängste oder Depression. Sie ist besonders in Großstädten präsent und trifft alle Altersgruppen und sozio-kulturelle Schichten der Gesellschaft.

Isolation ist eine Folter, die zur Verrücktheit führen kann. Einsamkeit ist ein Leiden, das sich wie ein Schmerz anfühlt. Soziale Netzwerke wie Facebook oder Instagram sind zum Teil so erfolgreich, weil sie das Bedürfnis des Gehirns nach Bindung künstlich befriedigen. Auch das Bedürfnis nach Selbstwert wird von Facebook und Co. befriedigt. Neurowissenschaftler haben herausgefunden, dass ein „Like" in Facebook ähnliche Hirnregionen aktiviert wie ein Lob im Alltag. In beiden Situationen wird das Belohnungssystem aktiviert. Menschen, die sehr sensibel auf soziale Belohnungen und Anerkennung reagieren, machen mehr Gebrauch von den sozialen Netzwerken als die, die nicht auf soziale Reputation fixiert sind. So kann man prognostizieren, und das machen die Unternehmen, wie oft ein Mensch die sozialen Medien nutzen wird, basierend auf der Stärke der Reaktion des Gehirns (gemessen mit der fMRI), wenn man Lob bekommt.

Was die sozialen Medien mit unserem Gehirn machen wird sich in den nächsten Generationen zeigen.

Jugendliche verbringen im Schnitt 4,5 h täglich in Social-Media-Netzwerken wie Instagram, Whatsapp, Youtube oder Facebook[3]. Kein Wunder, wenn man die vier Grundbedürfnisse des Gehirns versteht. Bei Jugendlichen zwischen 15 und 18 Jahre wird das Belohnungssystem stärker aktiviert, weil sie in diesem Alter empfindlicher für die Meinungen von anderen sind.

---

[3]http://www.argejugend.at/2017/08/5-steirische-jugendstudie-ein-planungs-und-kompassinstrument-fuer-unsere-zukunft/ (06.06.2019).

Bedürfnis nach Orientierung und Kontrolle (Selbstbestimmung)
Schon kleine Kinder zeigen, wie sie lernen, die Kontrolle zu übernehmen. Laufen lernen ist notwendig zum Überleben, aber es ist auch ein erster Akt der Selbstbestimmung, der Unabhängigkeit. Mit der Pubertät wächst der Wunsch, das eigene Leben selbstständig zu gestalten. Das mühsame Experimentieren gehört, zum Leid der Eltern, auch zu dieser Phase. Wir wollen Situationen verstehen und kontrollieren und (wenn möglich) komplett steuern. Wir wollen nicht von anderen bestimmt werden, denn wir haben ein starkes Bedürfnis, eigene Entscheidungen zu treffen. Im Arbeitsumfeld wird dieses Bedürfnis oft nicht berücksichtigt, was zu Stresssituationen führt, die eventuell mit Exzessen in anderen Grundbedürfnissen kompensiert werden (zum Beispiel bei Lustgewinn das Verlangen nach Drogen, um mit der Desorientierung und Fremdbestimmtheit umgehen zu können). Das Bedürfnis nach Kontrolle ist so sehr in uns verankert, dass wir oft denken, die Kontrolle über etwas zu haben, über das wir in Wirklichkeit machtlos sind. Man nennt dies Kontrollillusion.

3.4 Wieso brauchen Unternehmen Neuromarketing?

Die Aufgabe von Marketing ist es, passende Produkte und Dienstleistungen anzubieten, die die Wünsche und Vorstellungen der Konsumenten befriedigen. Um diese Aufgabe zu erfüllen, kann man von gewonnenen neurowissenschaftlichen Erkenntnissen profitieren. Wir können dies Angewandte Neurowissenschaft nennen. Unternehmen haben es nicht leicht, neue Produkte und Dienstleistungen erfolgreich auf den Markt zu bringen:

1. Etwa 70 % aller Produkteinführungen scheitern (und das, obwohl Milliarden für traditionelles Marketing ausgegeben wurden).
2. In den Industrienationen sind wir täglich mit 1200 Werbebotschaften konfrontiert.
3. 98 % der Werbebotschaften kommen gar nicht an (zumindest bewusst).
4. Viele Märkte sind komplett gesättigt und wir tun uns schwer mit der enormen Auswahl an Produkten, der wir ausgesetzt sind. Allein Samsung hat seit der „Demokratisierung" des Handys 554 verschiedene Handymodelle auf den Markt gebracht!

Bei all diesen Schwierigkeiten, denen die Industrien ausgesetzt sind, müssen sie neue Strategien entwickeln, um Konsumenten zu erreichen. Sie haben gelernt, dass unsere psychischen Grundbedürfnisse ein Ziel des Marketings sein sollten;

wenn sie versuchen, diese zu befriedigen, können sie unser Kaufverhalten so zu ihren Gunsten lenken[4].

Um dies umsetzen zu können, benutzen inzwischen viele Unternehmen die Erkenntnisse der Neurowissenschaften in Kombination mit Marketing und Marktforschung, also Neuromarketing. Die effektivsten Werbekampagnen wecken die Kundenbedürfnisse durch emotionale Komponenten.

3.5   Wie versuchen Unternehmen, die vier Grundbedürfnisse zu befriedigen?

Der Psychologe Vinod Venkatraman forscht mithilfe neurowissenschaftlicher Techniken, welche Werbung unsere Aufmerksamkeit weckt. Das Rezept für die besten Werbe-Ergebnisse beschreibt er so: „Am Beginn der Werbung muss es einen starken Reiz geben: Gute Musik, eine kräftige Farbe oder vielleicht ein hübsches Gesicht. Nur, wenn das passiert, ist das Gehirn bereit, die Informationen tatsächlich zu verarbeiten – nur dann besteht eine Chance, dass die Werbebotschaft auch ankommt" (Novotny 2015).

Nehmen wir als Beispiel, wie das mächtige Facebook die Grundbedürfnisse Bindung und Selbstwerterhöhung adressiert. Wer auf Facebook ist, hat zumindest einige virtuelle Freunde. Man gehört zu einer Gruppe, man wird gelesen und unsere Fotos werden wahrgenommen. Dass Facebook (eine Art fiktiver) Bindung fördert, ist offensichtlich. Zusätzlich wird beim *Liken* eines Fotos, Posts oder Aktion Dopamin ausgeschüttet. Es tut einfach gut, geliked zu werden. Selbstwerterhöhung und Bindung sind somit angesprochen.

Strategien, die durch neurowissenschaftliche Erkenntnisse gewonnen wurden, sind:

1. Zu viele Informationen, Zahlen und Fakten verwirren uns nur; unser Gehirn ist davon überfordert und wir tendieren dann zu simpleren Aufgaben. Das Gehirn bevorzugt kurze, direkte und klare Aussagen (vgl. Kap. 1: Energie sparen).
2. Das Gehirn erinnert sich an den Beginn und an das Ende eines Ereignisses. Dinge, die dazwischen geschehen, werden als weniger relevant betrachtet. Wenn man Urlauber fragt, woran sie sich am meisten erinnern, antworten die meisten mit Verweis auf etwas, das am Anfang oder Ende des Urlaubs passiert ist.

---

[4]Es ist umstritten, ob es ethisch ist, so ins Gehirn der Konsumenten „einzudringen" (vgl. Domning et al. 2009).

3.5.1 Erinnerungen und Neuromarketing

Das Hauptziel des Neuromarketings ist es, unsere Aufmerksamkeit zu wecken sowie unsere Erinnerungen zu aktivieren. Dabei kommt das Gedächtnis im Spiel. Man will positive Erinnerungen in uns hervorrufen. Selbstverständlich ist es für den Erfolg der Werbung auch wichtig, einen bleibenden Eindruck zu hinterlassen. Diese „künstlichen" positiven Erinnerungen beeinflussen zukünftige Käufe oder Buchungen (etwa von Urlaub).

Heutzutage ist es nicht einfach, unsere Aufmerksamkeit zu gewinnen: Wir sind massiv Reizen aus unserer Umgebung ausgesetzt. Dazu kommen das Internet, die Flut an E-Mails, Social-Media-Seiten und das Handy, die auch allesamt unsere Aufmerksamkeit fordern. Georg Franck schrieb das Buch „Ökonomie der Aufmerksamkeit" lange bevor das Internet in unserem Leben allgegenwärtig wurde. Auf dem Klappentext des Buches steht: „Georg Franck hat eine neue Ökonomie entdeckt, die mit der Ökonomie des Geldes konkurriert: die Ökonomie der Aufmerksamkeit, die nach den gleichen Gesetzen funktioniert. Aufmerksamkeit, die uns entgegengebracht wird, lässt sich verzinsen, und wer die höchste Stufe der Aufmerksamkeit erreicht hat, kann seine Kinder beerben" (Franck 1998). Unternehmen kämpfen um unsere Aufmerksamkeit. Dafür wird jedes verfügbare Mittel genutzt, das die Wissenschaft zur Verfügung stellt.

Dadurch, dass so viele Unternehmen um unsere Aufmerksamkeit konkurrieren, hat der Kapitalismus viele neue Methoden gefunden, die auf den gewonnenen Erkenntnissen der Neurowissenschaften basieren. Ökonomen sollten dies in der Weiterentwicklung der Ökonomischen Theorie berücksichtigen.

Unzählige Werbeagenturen und Marketingexperten benutzen seit einigen Jahren neurowissenschaftliche Erkenntnisse, um diese in der Werbung umzusetzen. Einige dieser Agenturen spezialisieren sich nur auf das Vermarkten eines Produktes. Man spricht in diesem Fall von *Neurobranding*. Wie ist die Marke im Gehirn des Kunden positioniert? Welche Belohnungsmotive bewegen uns zum Kauf einer bestimmten Marke? Über welche Kommunikationskanäle kann die Marke am besten in unserem Gehirn verankert werden? Das Neurobranding ist in der Lage, einige dieser Fragen zu beantworten. Man versucht, eine Marke mit den Augen der Konsumenten zu betrachten, um zu erfahren, welche psychischen Grundbedürfnisse durch sie konkret befriedigt werden und bei welchen noch Defizite vorherrschen. Nur, wenn einige der Grundbedürfnisse befriedigt werden, kann es zu einer positiven Kaufentscheidung kommen. Amerikanische Unternehmen wie Campbell's oder Frito-Lay benutzen diese Erkenntnisse, um ihre Verpackungen zu optimieren, indem sie Farbe, Größe und Position des Logos an die Augenbewegungen der Konsumenten anpassen.

Auch politische Überzeugungen prägen, was wir kaufen. Studien zufolge vertrauen Menschen, die auf dem politischen Spektrum rechts situiert sind, eher bekannten, etablierten Marken, während Linke gern Neuheiten und *No-Name* Produkte kaufen. Zudem gibt es bei der Risikotoleranz Unterschiede zwischen den politischen Orientierungen. Auch, wenn die Risikotoleranz die gleiche sein mag, aktiviert sich die Amygdala (in der die Angst entsteht) mehr bei Rechten als bei Linken.

3.5.2 Farben sind der Schlüssel

Farben spielen seit Millionen Jahren eine wichtige Rolle in der Natur und im menschlichen Gehirn. Farben können Gefahr signalisieren, als Tarnung benutzt werden, entspannend wirken oder die Suche nach einem Partner erleichtern. Es ist kein Zufall, dass sich Lippenstifte in der Farbe Rot bzw. anderen Rottönen am besten verkaufen. Studien zeigen, dass geschminkte Frauen als gesünder, klüger, attraktiver, selbstbewusster und sexuell anziehender wahrgenommen werden. Schon vor etwa 3700 Jahren färbten Frauen (und auch Männer) sich die Lippen rot. In Ägypten versuchten die Pharaonen, durch Schminken eine Ähnlichkeit mit den Göttern zu erzielen. Im antiken Griechenland waren es Prostituierte, die sich die Lippen rot schminkten, im römischen Reich hauptsächlich die Wohlhabenden.

„Rot" versinnbildlicht Aufmerksamkeit und Gefahr, zum Beispiel, wenn wir Blut sehen. Kulturell und politisch betrachtet sind „die Roten" in Europa die Linksorientierten. Blau hat einen entspannenden Effekt auf uns. Schwarz, wie die Dunkelheit, ist eigentlich eine Farbe, die wir nicht sehen. Sie ist diskret, wie alle dunklen Farben. Aber auch Macht ist mit der Farbe Schwarz verbunden. Grün hilft gegen Depressionen, konkret: Ein Spaziergang im Grünen fördert die Ausschüttung von Botenstoffen wie Serotonin, das aufmunternd wirkt. Viele Antidepressiva bekämpfen eine Depression, indem sie den Serotoninhaushalt im Gehirn stabilisieren. Google verwendet in seinem Logo zweimal Blau (beide Gs) und zweimal Rot (das erste O und das E), das zweite O ist Gelb und das L ist grün[5].

Dass Farben einen enormen Einfluss auf Gefühle und Emotionen haben, zeigt auch die Zen-Philosophie. Warum werden Zen-Bilder nur mit schwarzer Tusche gemalt? Der Gedanke dahinter ist, dass wahre Schönheit nicht mit Farben ausgedrückt werden kann. Jeder Betrachter empfindet beispielsweise die Schönheit

---

[5]Die offizielle Version bezieht sich auf Lego-Steine. Die Gründer von Google bauten am Anfang Computergehäuse mit Lego-Steinen.

eines Sonnenuntergangs unterschiedlich. Jede Farbe wird anders wahrgenommen. Deswegen werden die Zen-Bilder nur schwarz bemalt, damit jeder Betrachter, je nach Gemütsverfassung, seine eigenen Farben in dem Schwarz entdecken kann (vgl. Masuno 2019).

3.5.3 Olfaktorisches und auditives Marketing

Neben Farben stehen den Unternehmen auch olfaktorische und auditive Reize zur Verfügung, um die Gefühle und Emotionen im Gehirn des Kunden anzusprechen.

Klangexperten versuchen, uns auditiv zu verführen, beispielsweise mit dem Klang eines Motors, dem Schließen einer Autotür oder dem Geräusch eines Chips, wenn man hineinbeißt. Physiker und Ingenieure versuchen, den perfekten verführerischen Sound zu entwickeln (aus diesem Grund klingt das Schließen einer BMW-Tür ganz anders als bei einem Dacia).

Musik spielt eine wichtige Rolle, weil sie sich sowohl auf unseren Körper als auch auf unser Gehirn auswirkt. Der Rhythmus der Musik wird an die Zielgruppe angepasst. So erleben wir schnelle, laute, moderne Musik in Geschäften, die Mode für jüngere Leute anbieten; schneller Rhythmus erinnert die Jugend an ihre nächtlichen Ausflüge in Clubs und Bars und er beschleunigt die Entscheidungsfindung. Dagegen hat diese Art von Musik einen negativen Einfluss auf ältere Konsumenten. Zu laute Musik treibt sie aus dem Geschäft.

Zusätzlich zum auditiven Marketing hat sich das olfaktorische Marketing schnell und erfolgreich entwickelt.

3.6 Amazon und Neurowissenschaften

Amazon ist das Paradebeispiel für die Anwendung neurowissenschaftlicher Erkenntnisse im Internethandel. Amazons Strategie basiert auf einigen biologischen Schwächen, die wir alle besitzen. Einige dieser Strategien, die mittlerweile auch schon bei anderen Anbietern angewandt werden, sind:

1. Bei vielen Produkten benachrichtigt Amazon uns, wie viele Exemplare eines Produkts noch verfügbar sind. Dies beschleunigt in unserem Gehirn eine Kaufentscheidung aus zwei Gründen. Der erste Effekt geschieht unbewusst: Knappheit („nur noch 3 auf Lager") wird vom Gehirn als etwas Besonderes eingestuft, was uns zusätzlich dazu motiviert, ein Produkt zu kaufen. Der zweite Effekt steht in Verbindung mit einem möglichen Bedauern, das Produkt

nicht gekauft zu haben, als es noch zur Verfügung stand. In diesem Fall beschleunigt Knappheit bewusst unsere Kaufentscheidung. Dies funktioniert auch, wenn man online ein Flugticket sucht und konstant erinnert wird, dass nur noch fünf Plätze vorhanden sind.

2. „GRATIS-Lieferung bis Samstag, wenn Sie innerhalb von 4 h und 1 min bestellen." – einer der größten Erfolge Amazons. Durch Erinnerungen an die verbleibende Zeit zum Kaufen entsteht ein Druckgefühl, das Produkt so schnell wie möglich zu bekommen. Auch hier spielt wieder Knappheit eine Rolle: Wir haben eine begrenzte Zeit, um unser Glücksempfinden zu bekommen. Wieso ist unser Gehirn so sensibel gegenüber Knappheit? Dieses Phänomen stammt noch aus der Steinzeit, als das Anhäufen von Dingen gleichbedeutend mit erhöhten Überlebenschancen war. Deswegen belohnt uns das Gehirn mit Dopamin (vgl. Kap. 1), wenn wir Knappheit mit Anhäufungen bekämpfen. So funktioniert übrigens auch teilweise der Kapitalismus.

3. Amazon hat auch die Patente für One-click-buying. Alle notwendigen Daten für einen Kauf (Adresse, Rechnung, Zahlungsmethode) werden gespeichert, sodass kaum noch Zeit zum Nachdenken bleibt, ob man den Gegenstand wirklich erwerben will. One-click-buying intensiviert den Kaufrausch. Man verliert keine Zeit und ist schon beim nächsten potenziellen Kauf.

4. Amazon nutzt auch aus, dass unser Gehirn ein soziales Organ ist. Wir sehen den Zusatz „Kunden, die diesen Artikel angesehen haben, haben auch..." und schon erscheint eine Liste verwandter Produkte, die Leute wie Sie und ich angesehen haben. Da das Gehirn neugierig ist und sehen will, was andere Leute sich angeschaut haben, verleitet Amazon uns so dazu, mehr Produkte anzuschauen, als wir wirklich wollten.

Amazon benutzt noch mehr Phänomene aus der Psychologie und den Neurowissenschaften. Nicht zuletzt deswegen ist das Unternehmen zu einem so Imperium geworden. Die Aussicht darauf, was noch alles passieren wird (zum Beispiel die neuen Informationen, die Amazon von uns via Alexa, Kindle und Co. sammelt), macht die Zukunft sehr interessant.

3.7 Die Zukunft des Marketings

Je mehr sich die Neurowissenschaften weiterentwickeln, desto mehr wird das Neuromarketing relevant. Es ist jetzt schon in der realen Ökonomie präsent, aber oft ist uns nicht bewusst, welchen „Gehirntricks" wir ausgesetzt sind. Ein kapitalistisches System ist per definitionem expansiv. Zu dieser Expansion gehört selbstverständlich der Konsum. Ohne Konsumenten gibt es auch keine Wirtschaft, wie wir sie kennen. Deshalb ist es nur eine Frage der Zeit, bis das Neuromarketing überall eingesetzt wird und nicht nur etwas für die Global Player der Wirtschaft ist. Zu klären sind aber auch die ethischen Aspekte des Neuromarketings. Jede wissenschaftliche Revolution, klein oder groß, erfordert eine ethische Debatte.

- Der *Homo oeconomicus* kann die Entscheidungen von Menschen nicht erklären
- Menschen entscheiden emotional und sind irrational
- Neurofinanzen verhelfen zu einem besseren Verständnis der Psychologie der Finanzmärkte
- Neuromarketing versucht, die psychischen Grundbedürfnisse zu befriedigen

Literatur

Ariely D (2008) Denken hilft zwar, nützt aber nichts. Droemer, München

Damasio A (1997) Descartes´ Irrtum. List, München

Domning M, Elger E, Rasel A (2009) Neurokommunikation im Eventmarketing. Gabler, Wiesbaden

Franck G (1998) Ökonomie der Aufmerksamkeit. Hanser, München

Grün KJ, Roth G (2006) Das Gehirn und seine Freiheit, 3. Aufl. Vandenhoeck & Ruprecht, Göttingen

Harbaugh W, Mayr U, Burghart D (2007) Neuronal responses to taxation and voluntary giving reveal motives for charitable donations. Science 316(5831):1622–5

Hare TA, Camerer CF, Rangel A (2009) Self-control in decision-making involves modulation of the VMPFC valuation system. Science 324(5927):646–648

Leith P, Baumeister R (1996) Why do bad moods increase self-defeating behavior? JPSP 71(6):1250–1267

LeDoux J (2016) Angst. Ecowin, Wals bei Salzburg

Masuno S (2019) Zen your life. Fischer, Frankfurt am Main

Novotny M (2015) Gehirne im Kaufrausch. https://sciencev2.orf.at/stories/1760201/index.html. Zugegriffen: 16. Sept. 2019

Riemann F (2011) Grundformen der Angst. Ernst Reinhardt, München

Sedgwick P, Hall A (2003) Teaching medical students and doctors how to communicate risk. Br Med J 327((27.9.2003)):649–695

Zweig J (2007) Gier. Hanser, München

© Springer Fachmedien Wiesbaden GmbH, ein Teil von Springer Nature 2020

P. Peyrolón, *Grundzüge der Neuroökonomie,* essentials,

https://doi.org/10.1007/978-3-658-28390-2